*To Judy
With fondest wishes
Antonio
September 18, 2018*

Cómo Ganar una Elección
Breve Manual del Candidato

QUINTO TULIO CICERON

Adaptado por

Antonio Espinoza

© 2017 Antonio Espinoza
Derechos Reservados

EDITORIAL ARTEMIS

Av. Mariscal López 3791
Asunción ▪ Paraguay
Tel: +595-21-605 128
+595-21-603 722
consultas@libreriabooks.com
www.libreriabooks.com

Asunción, Paraguay, setiembre de 2017
Hecho el deposito que marca la Ley 1328/98

ISBN: 1546994548
ISBN-13: 978-1546994541

PRESENTACION

Por Milda Rivarola

Este texto—redactado hace más de veinte siglos—habla de las condiciones políticas de la Roma republicana. Pero revisitado en el presente, nombra también los legados de ese viejo sistema a nuestros regímenes latinoamericanos, que exhiben diversas formas republicanas, pero se mantienen ajenos a los grandes principios democráticos.

El autor no es aún un filósofo como Hobbes o Maquiavelo, esos eruditos del Renacimiento, ni teoriza para el futuro como Montesquieu o Rousseau, los ilustrados padres de la democracia moderna. Quintus Tullius es básicamente un consultor político *avant la lettre*. Perspicaz observador del sistema romano, lo acepta tal cual es, sin crítica ni beneplácito, y busca aprovechar sus mecanismos en beneficio de su hermano.

El resultado es un manual sobre el buen uso del clientelismo: cómo intercambiar favores al interior de la elite, dar esperanza de ventajas materiales a sus grandes electores, y comprometerse demagógicamente con el "pueblo pequeño".

Obedeciendo esa lógica, no precisa emplear términos como "derecho" o "libertad" en todo su texto. En revancha, palabras como deuda, favores o agradecimiento llenan sus páginas. Tullius bien podría estar asesorando, en el presente, a nuestros candidatos presidenciales o parlamentarios.

Milda Rivarola
Quyquyho, julio de 2017

PROLOGO

Por Francisco Capli

Los procesos democráticos han hecho que las elecciones en nuestros países se hayan vuelto casi rutinarias, un componente más de la evolución en la vida de las naciones. A la vez, el "tiempo electoral" (que para muchos es exageradamente largo debido a que los políticos se dedican casi exclusivamente a sus campañas desatendiendo sus obligaciones específicas), hace que por unos meses se movilice mucha gente, se debata ideas, se proyecte imágenes y se manifieste intereses, etc. En muchos casos moviliza o paraliza a países enteros.

Si bien un ciclo electoral es una especie de olimpiada en dónde se disputan conceptos, personas, partidos, ideologías, etc., con el avance de los medios de comunicación ha pasado a ser también una especie de disputa de imagen, cierto tipo de concurso de belleza. En muchos casos, las campañas electorales logran que se vote más a la imagen que a la idea, la trayectoria o las propuestas. Particularmente en nuestro país muchos votan más al partido o al color que al candidato y sus propuestas.

En este contexto, los asesores de campaña, los publicistas, los encuestadores e inclusive los periodistas asumen un papel central. Tendemos a creer en estos asesores de campaña, imagen, etc.; son una nueva generación de protagonistas que transforman nuestra forma de ver y encarar la elección de un candidato u otro. La verdad es que no son para nada nuevos; de hecho, este libro se centra justamente en un personaje histórico que ya en el año 64 a.c. aconsejaba y asesoraba la campaña electoral de su hermano.

Este personaje no fue el único, después aparecieron varios a lo largo de la historia, e inclusive hubo gente antes que él, como ser Sun Tzu, cuyas indicaciones sobre estrategia militar sirvieron y sirven aun en el planteo de acciones no bélicas. En el mundo occidental, el más prominente fue Maquiavelo que ya en el Renacimiento, escribió la "biblia" para todos los candidatos o aspirantes a estadistas. Tanta repercusión e importancia tuvo, que hasta hoy "El Príncipe" sigue siendo un texto de referencia obligatorio para todo estudiante de Ciencias Sociales o político que se esté iniciando.

En la actualidad existe un importante grupo de "campañólogos" que responden a diversas escuelas que son casi indispensables en la gestión que requiere un proceso electoral. Muchos de estos van recorriendo distintos países y trabajando profesionalmente para uno u otro candidato (dependiendo de la capacidad de pago de los mismos). Hoy existe una gran diversidad de libros que hablan sobre cómo encarar y ganar campañas electorales; no vale la pena destacar alguno en particular, dada cantidad de material existente al respecto.

Las campañas electorales son eventos que resultan muy atractivos tanto a los electores como a observadores y al público en general. Es la estrategia utilizada actualmente en la política para hacer conocer al candidato y convencer a los votantes de la validez de la propuesta, de lo atractivo del postulante y de por qué votar a un candidato y no a otro. A medida que se introducen más elementos, técnicas y conocimiento, las campañas electorales se vuelven cada vez más sofisticadas.

Este manual escrito en el 64 a.c. nos demuestra que un tema considerado por la mayoría como una estrategia moderna y que se utiliza solamente en la actualidad, en realidad ya era conocido y utilizado en la antigüedad, y, cómo en muchos casos, el ser humano no inventa o crea algo nuevo, sino que reinventa las mismas ideas que ya fueron pensadas y aplicadas antiguamente.

Nos muestra claramente cómo los romanos estudiaban a profundidad el pensamiento y el comportamiento de la sociedad, y como se esforzaban en influir en la decisión final de los electores para conseguir sus votos o sus favores. Es un detallado estudio del pensamiento electoral, de cómo actuaban las clases sociales y cómo procedían las sociedades de acuerdo a sus intereses.

El ensayo que nos ocupa es una clara visión de cómo los antiguos romanos se ocupaban de trabajar en formas de incidir en el pensamiento y en la decisión final del votante.

Quinto Tulio Cicerón nos relata que ya en épocas antiguas el conflicto era una parte esencial de la campaña electoral y de la marcha de la sociedad, que los conflictos que tenemos hoy no son para nada nuevos, sino que son, en muchos casos y con pequeñas variaciones, una reiteración de acontecimientos pasados.

Por eso, sería oportuno leer un poco más de historia para poder hacer que los conflictos sean menos dañinos.

Por otro lado, nos demuestra que los malos candidatos han existido siempre, y que éstos se esforzaban por llegar a través de diversos métodos al poder. Asimismo, por más de que el candidato fuera muy bueno, si no lograba entusiasmar o demostrar su capacidad de resolución de problemas cotidianos, favorecer a ciertas clases; si no hacía una campaña esforzada, convincente y con llegada a la mayoría, tenía escasas posibilidades de ser electo.

A la luz de la historia romana y, en particular de este texto de Quinto Tulio Cicerón, percibimos que la coyuntura electoral que vivimos actualmente en nuestro país no es siquiera muy novedosa, ya que gracias a la dedicación y al buen tino del traductor hoy podemos utilizar este texto que nos permite hacer pensar a profundidad en quienes son nuestros candidatos.

Nos permite distinguir quienes son los que se presentan para ser las autoridades, y si realmente estos pueden hacer que el país evolucione positivamente tal como prometen. Nos ayuda también a diferenciar mejor lo que es repetición de un pasado lejano, y discernir que un futuro distinto y mejor es posible, si no caemos en las mismas antiguas prácticas.

El siempre inquieto y estudioso Antonio Espinoza nos lleva a pensar desde un ángulo casi inédito en lo que son las campañas electorales, por una parte, y por otra volver a darnos cuenta de que las ideas centrales del ser humano son básicamente las mismas desde tiempo inmemorial. Que recurrir a la historia puede hacer que el presente sea menos complejo y que el futuro se avizorare con más esperanzas.

Francisco Capli
Director
First análisis y estudios

Asunción, julio de 2017.

PREFACIO

En la traducción de una obra escrita en la antigüedad, es siempre un desafío encontrar un punto de equilibrio entre la fidelidad literal al original y la accesibilidad para el lector actual, que lo interpreta desde su perspectiva de cultura, costumbres e instituciones diferentes a las de los tiempos de la obra. Este es el caso del *Comentariolum Petitionis*, Breve Manual del Candidato, que se refiere a una campaña electoral, quehacer habitual para nosotros, pero que se desarrolla en Roma del siglo I A.C. bajo sistemas y normas muy distintas a las actuales.

No es mi intención describir esta obra como una nueva traducción del original; el limitado latín que en su momento asimilé en el colegio secundario, gracias a los denodados esfuerzos de mi querido profesor Rolando Natalizia, ha sido severamente erosionado por el trascurso del tiempo. Más bien, busqué realizar una síntesis de algunas versiones existentes, en español y en inglés, con la vista puesta también en el original, buscando ese punto de equilibrio que haga de la lectura del Breve Manual una experiencia amena e instructiva.

El pragmático cinismo de las recomendaciones de Quinto Cicero les será familiar a los políticos actuales, y habrá algunos que aplican estrategias similares en sus campañas electorales. Los aprendizajes podrán ser más bien para los electores, que en la lectura del texto identificarán algunas de las artimañas utilizadas por candidatos inescrupulosos, y se podrán inocular oportunamente contra ellas. Al descaro de los malos políticos debemos oponer el escepticismo informado de los votantes, en la esperanza de lograr así mejores representantes y gobernantes.

Agradecimientos

Tengo una especial deuda de gratitud a Milda Rivarola, que generosamente realizó una minuciosa revisión de la obra y formuló innumerables sugerencias para perfeccionar el texto. La intención del Manual del Candidato es más clara gracias a su contribución. Le agradezco también por una aleccionadora presentación del libro, cotejando las recomendaciones de Marco Tulio Cicerón con la conducta electoral de políticos latinoamericanos de la actualidad.

A Francisco Capli, profundo conocedor de los entretelones y vericuetos de lides electorales, por la contribución de un interesantísimo prólogo colocando la campaña de Cicerón en el contexto histórico de este quehacer, que enriquece el contenido de la obra. También, a Francisco y sus colaboradoras, debo valiosas recomendaciones para el contenido y la corrección de deslices en el texto.

A Jorge Gross Brown y a Sigfrido Gross Brown por su puntillosa lectura, proponiendo valiosas mejoras a la traducción.

A Carmen Cristaldo de Editorial Artemis, por sus excelentes sugerencias, y por su paciente trabajo en la edición del libro

A mi esposa y compañera Diane, mi gratitud por su constante estímulo y paciente buen humor durante la redacción de este trabajo.

INTRODUCCION

A mediados del año 64 A.C., el abogado y político romano Marco Tulio Cicerón se postuló al cargo de Cónsul de la República. Marco había ya ocupado cargos electivos menores en la administración romana, incluyendo una temporada como questor (delegado regional) en Sicilia Occidental, donde se ganó fama de hombre prudente y honesto. Era legendaria su brillante elocuencia en los tribunales, como querellante y como defensor, y al postularse era ya una de las personalidades más prestigiosas de su tiempo.

La república romana era entonces administrada por dos cónsules, elegidos anualmente, que asumían el supremo poder ejecutivo durante el año que duraba su mandato. Tenían el mando de las fuerzas armadas, y administraban el presupuesto y las obras públicas de la mayor potencia occidental de la época. Roma controlaba un vasto territorio, abarcando las actuales naciones de Italia, España y Grecia, y el norte de África, Asia Menor y el Levante.

Musei Capitolini, Roma
Busto de Marco Tulio Cicerón, mediados del siglo I A.C.

Pero Marco tenía dos grandes desventajas al postularse al cargo de Cónsul. No era miembro de la nobleza, y su familia no era originaria de Roma, sino de Arpinum (hoy Arpino), una localidad provincial a unos 100 Km de Roma. Era un *novus cives*, ciudadano nuevo, como eran llamados los provincianos que habían adquirido ciudadanía romana durante la expansión de la república. Lo de "nuevo" era relativo, ya que los habitantes de Arpinum habían recibido ciudadanía plena más de 120 años antes.

Ser Cónsul era el mayor honor al que podía aspirar un romano, y confería a sus titulares y herederos la calidad de noble y senador vitalicio. Por este motivo, la aristocracia romana defendía celosamente este privilegio para los suyos, a tal punto que habían pasado más de treinta años desde que el último provinciano llegara a ocupar el cargo. Sin embargo, con su buena fama, su erudición y su brillante oratoria, Marco pudo vislumbrar posibilidades de ganar la elección venciendo el obstáculo de su origen provinciano.

El padre de Marco era un próspero empresario de Arpinum, que había dado a sus dos hijos, Marco y Quinto, la mejor educación entonces disponible. En aquella época, para ser considerado una persona culta, era necesario hablar fluidamente el griego, y Marco se destacó estudiando con los mejores profesores de esa lengua en Roma. De joven, sus traducciones al latín de los filósofos griegos le ganaron la consideración y el respeto de la nobleza romana. Su buena fama de discípulo aplicado le permitió, además, estudiar derecho romano con el célebre jurista Scaevola, potenciando su carrera como abogado.

Gracias a la fortuna de su padre, Marco y Quinto pudieron viajar a Grecia y pasar dos años de estudio en las prestigiosas academias de Atenas. Ir a estudiar en Atenas era el equivalente, en aquel tiempo, de lo que sería hoy hacer un postgrado en Oxford o Harvard, de alto costo, pero con gran retorno para la carrera del joven. Marco se concentró especialmente en pulir su oratoria y retórica, y visitó a célebres oradores del Asia Menor y Rodas.

Quinto, cuatro años menor que Marco, tuvo una exitosa carrera militar, acompañando inclusive a Julio Cesar en varias campañas, y también ocupó importantes cargos en la función pública. Sin la gran erudición y capacidad retórica de Marco, era un hombre práctico y de acción, respetado por su honestidad y capacidad de mando. De temperamento impulsivo e incluso violento, tuvo siempre gran afecto y respeto por su hermano mayor.

Cuando Quinto supo de la postulación de Marco al cargo de cónsul, imaginándolo quizá algo ingenuo para las truculentas lides políticas de la época, decidió ayudarlo escribiendo sus recomendaciones y consejos en su Comentariolum Petitionis, o Breve Manual del Candidato, una guía práctica para conducir una campaña electoral.

El manual está escrito en el formato de una extensa carta a Marco, que comienza destacando las virtudes de Marco y las debilidades de sus rivales, para fortalecer el ánimo de su hermano frente a los desafíos de la campaña. Pasa luego a explayarse—en una serie de recomendaciones—sobre cómo ganarse el apoyo de los votantes, que siguen siendo tan válidas hoy como hace dos mil años.

La Roma de su época seguía siendo una sociedad fuertemente clasista, pese a las grandes reformas sociales de los dos siglos anteriores. La población estaba estrictamente segmentada en estamentos u ordenes, definidos por su origen y nivel socioeconómico: el rango más alto correspondía a los nobles, compuesto por patricios, exmagistrados y sus descendientes.

Marco y su familia pertenecían al rango siguiente, la orden ecuestre o *equites*. Originalmente había sido un rango militar, de oficiales de caballería con suficientes recursos para solventar sus montados, pero en el tiempo de Marco ya había perdido ese significado militar, y estaba integrado por personas de buena condición económica, principalmente comerciantes y terratenientes, equivalente a la burguesía o clase empresarial actual. Quinto explica que, como miembro de la orden de los empresarios, Marco puede razonablemente esperar el apoyo de éstos en su campaña.

Como abogado, Marco había representado exitosamente en los tribunales a nobles y personas poderosas, salvándoles en ciertos casos de perder sus fortunas, y hasta de la pena capital. La legislación romana prohibía a los abogados recibir honorarios de sus clientes, los que debían entonces expresar su gratitud y recompensarlos de formas distintas. Quinto recomienda en forma insistente que Marco exija a sus clientes esa retribución, a través del apoyo a su campaña política.

El sistema electoral

Los ciudadanos romanos votaban en varias ocasiones cada año, en elecciones y referendos diversos, pero el sistema distaba mucho de ser lo que hoy denominaríamos una democracia. Las magistraturas más importantes, como las de los pretores y los cónsules, eran elegidas por la Asamblea de las Centurias. Las centurias tenían su origen histórico en la clasificación del ejército romano, también constituido por centurias, pero a efectos electorales era una división de la ciudadanía según su nivel socioeconómico.

Cada ciudadano romano era asignado a una centuria, conforme a su abolengo y patrimonio: cada centuria tenía una exigencia mínima de fortuna—principalmente en tierras y ganado—para integrarla. El ciudadano era ubicado en la centuria que le correspondía por los censores, magistrados electos que determinaban su linaje y patrimonio. Por consiguiente, las centurias de mayor rango contaban con un número mucho menor de integrantes que las de rango inferior.

En las elecciones de magistrados cada centuria tenía un voto, determinado por mayoría de los integrantes de esa centuria. La Asamblea de las Centurias se reunía anualmente para elegir los cónsules en el mes de julio, en el Campo de Marte, en las afueras de Roma. Cada centuria tenía un espacio propio, acordonado, donde sus miembros se congregaban para votar. Escribían el nombre del candidato preferido en tabletas de madera recubiertas de cera, que depositaban en una canasta o cesta para ser computados. El resultado del escrutinio determinaba cual candidato recibiría el voto de esa centuria. El candidato que lograba la preferencia del mayor número de centurias era declarado el ganador de la elección.

Izq: Moneda mostrando el proceso de votación. Para evitar fraude y aglomeración, la urna (cesta) estaba ubicada sobre una tarima al cual el votante llegaba cruzando sobre una tabla alfombrada (pons). Un elector recibe la tablilla de votación de un auxiliar mientras otro deposita su voto en la urna. Denario acuñado por Publius Licinius Nerva en 113 o 112 A.C.

Der: Un elector deposita su voto en la urna. En este caso es una votación para aprobar un proyecto de ley, y la tablilla lleva la letra "V" de Vti rogas ("de acuerdo con lo propuesto"). Denario de Lucius Cassius Longinus, acuñador en el año 63 A.C., bajo el consulado de Cicerón.

En tiempos de Mario y Quinto, había 373 centurias. Las centurias votaban una tras otra, empezando por las de mayor rango. Cuando un candidato lograba la mayoría absoluta, es decir, el voto de 187 centurias, la votación se suspendía y se lo declaraba ganador. En muchos casos esto ocurría antes que las centurias de menor rango, que reunían mayor número de ciudadanos, tuvieran siquiera oportunidad de votar.

Este sistema daba por lo tanto un peso preponderante al voto de los ciudadanos acaudalados. Además, como las votaciones se realizaban únicamente en Roma, solo las personas de mayores recursos del interior podían invertir el tiempo y el dinero necesario para trasladarse hasta allí para votar. Es por ello que Quinto, en sus recomendaciones a Marco, da tanta importancia al esfuerzo por lograr el apoyo de las familias nobles y pudientes.

Los ciudadanos romanos también eran asignados a una tribu, basado en el lugar de origen de su familia. Las tribus votaban en las Asambleas de las Curias para elegir ciertos funcionarios y para aprobar disposiciones propuestas por los tribunos del pueblo. En tiempos de Marco, había 35 tribus, y

Quinto menciona también la importancia de cultivar la amistad de los líderes de las tribus.

La vida social, cívica y comercial de Roma se concentraba en el foro, la plaza principal del centro de la ciudad que servía de mercado y lugar de encuentro de los habitantes. Los postulantes a cargos electivos concurrían asiduamente al foro, acompañados por sus amigos y simpatizantes, para saludar a la gente y hacer campaña. Cómo era muy importante reconocer a cada persona por su nombre, el candidato frecuentemente tenía a su lado un esclavo de buena memoria, denominado *nomenclator*, que susurraba al oído de su patrón los nombres de las personas a quienes se acercaba.

Para salir en público, era obligatorio para los ciudadanos de las clases altas usar la toga, una pesada e incómoda prenda de lana, muy calurosa en el verano, normalmente del color pardo claro de la lana natural. En campaña, para distinguirse del público, los postulantes a cargos electivos usaban una toga que había sido especialmente blanqueada tratándola con cal. El término en latin para designar algo brillante o blanco es *candida*, y la toga así blanqueada se llamaba "*toga candida*". Este es el origen del vocablo "candidato" para quien se postula en elecciones.

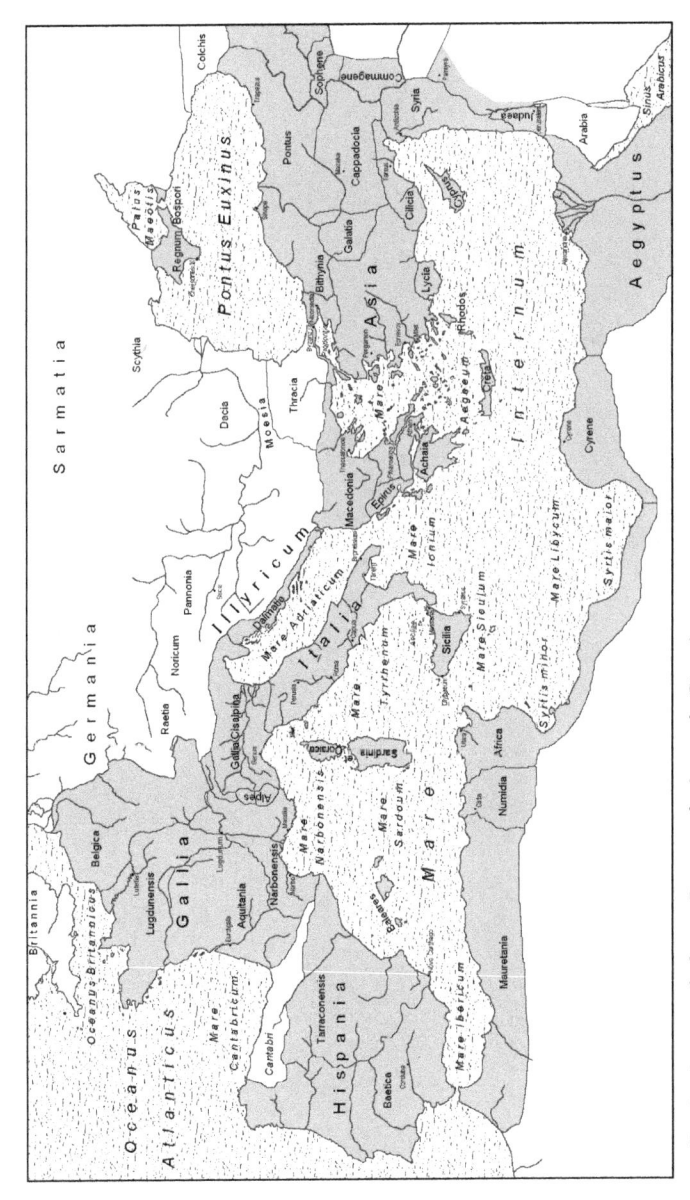

Territorio controlado por Roma en la época de Cicerón

Fechas importantes

753 A.C. (tradicional) Fundación de Roma por Rómulo.

753 al 509 A.C. Reyes: Rómulo, 1er rey de Roma, a Lucius Tarquinius Superbus, el último.

509 A.C. Tarquinius Superbus depuesto. Inicio de la república.

201 A.C. Derrota de Aníbal, fin de las Guerras Púnicas entre Roma y Cártago.

82 A.C. Dictadura de Sila, que duró unos dos años.

64 A.C. Elección de cónsules en la cual se postuló Marco Tulio Cicerón.

63 A.C. Consulado de Cicerón y Antonio.

44 A.C. Asesinato de Julio César.

33 A.C. Augusto asume como emperador.

476 D.C. Rómulo Augústulo, último emperador occidental, es depuesto por Odoacro, rey de los hérulos.

Los personajes

En su libro, Quinto menciona nombres de varios personajes contemporáneos o del pasado que hubieran sido bien conocidos por los lectores de la época. Estos son algunos de ellos.

Antonio. Gaius Antonius Hybrida, uno de los rivales de Marco en la elección. Esbirro del dictador Sila, fue expulsado del Senado en el año 70 A.C.

Bruto, Marcus Junius Brutus, político y senador romano, se opuso a la dictadura de Julio Cesar y lideró la conspiración que lo asesinó. En la guerra civil contra Octaviano y Marco Antonio, fue derrotado en la batalla de Philippi en el año 42 A.C., suicidándose posteriormente.

Catilina. Lucius Sergius Catilina, otro rival de Marco en la elección. También secuaz de Sila, había cumplido un mandato muy signado por la corrupción como gobernador de Africa del Norte. Contra uno de sus reiterados intentos de golpe de estado, Cicerón pronunció sus célebres "Catilinarias".

Cornelio. Gaius Cornelius, fue tribuno del pueblo en el año 67 A.C. y promulgó leyes limitando los poderes del senado. Imputado en el 65, fue exitosamente defendido por Marco.

Cotta. Gaius Aurelius Cotta, Admirado orador, fue cónsul en el año 70 A.C.

Demóstenes. Δημοσθένης, Político y diplomático de la antigua Grecia (384—322 A.C.), considerado el mejor orador del mundo antiguo. De cunas humilde y con un impedimento en el habla, superó con tesón estos obstáculos para llegar al poder en Atenas. Fue admirado y emulado por Marco.

Epicarmo. Ἐπίχαρμος, célebre autor de comedias en Grecia del siglo V A.C.

Cayo Celio. Gaius Coelius, tribuno del pueblo en 107 A.C., fue el primero de su familia en llegar a ser cónsul en el año 94 A.C.

Julio Cesar. Gaius Julius Caesar, extraordinario general y político, y prolífico escritor, comandó las legiones en las actuales Francia y Alemania, extendiendo el territorio romano al norte de Europa y llegando a Inglaterra. Se rebeló contra el senado y cruzó el rio Rubicon con su ejército en el año 49 A.C., ocupando Roma. Asumió el poder con el título de dictador perpetuo, instituyendo importantes reformas. Fue asesinado en el senado el 15 de marzo del año 44 A.C., en una conspiración liderada por Bruto.

Manilio. Gaius Manilius, tribuno en el año 66 A.C. Propició legislación que distribuía a los esclavos libertos entre las tribus, que fue anulada por el senado. Designó a Pompeyo, aliado suyo, para combatir al rey Mitridates. Fue imputado por los enemigos de Pompeyo, pero Marco, entonces pretor, como un favor logró demorar su proceso.

Marco. Marcus Tullius Cicero, hoy conocido como Cicerón, prestigioso orador y abogado, fue candidato a cónsul en el año 64 A.C. Anteriormente había sido servido en los cargos de cuestor y pretor. Como la "C" era en latín clásico una consonante dura, su nombre se pronunciaba "Kikero"

Marco Mario. Marcus Marius, sobrino del general Cayo Mario, tuvo el cargo de pretor en el año 85 A.C. y reformó la moneda. Muy querido por el pueblo romano, fue asesinado por Catilina.

Octaviano. Gaius Octavius, hijo adoptivo de Julio Cesar, su tío abuelo. Tras el asesinato de Julio Cesar en el senado en el año 44 A.C., integró el triunvirato que gobernó Roma, con Marco Antonio y Marco Lepido, deshaciéndose luego de ambos para asumir el poder total con el nombre de emperador Augusto en el año 33 A.C. Gobernó hasta su muerte en el año 14 de nuestra era.

Platón. Πλάτων, filósofo griego del siglo IV A.C., fue fundador de la Academia de Atenas, considerada la primera institución de educación superior en el mundo occidental.

Pompeyo. Gnaeus Pompeius Magnus (106—48 A.C.), exitoso general romano de gran fortuna personal y muy querido por el pueblo, pero temido y odiado por los grupos más conservadores, que lo consideraban populista. Como los romanos indicaban el año de un evento por los nombres de los dos cónsules de ese año, acostumbraban llevar consigo una lista de los cónsules del pasado, como ayudamemoria. Tan grande era la influencia de Pompeyo que se decía—como broma—que en lugar de la lista de cónsules del pasado, él llevaba una lista de los cónsules del futuro.

Quinto. Quintus Tullius Cicero, hermano menor de Marco.

Sila. Lucius Cornelius Sulla (138—78 A.C.), general romano que asumió poderes dictatoriales en el año 81 A.C., ejecutando gran cantidad de sus enemigos y opositores en una sangrienta purga.

COMENTARIOLUM PETITIONIS

BREVE MANUAL DEL CANDIDATO

Quinto, a mi hermano Marco, salud:

Aunque tienes todas las habilidades que un hombre pudiera desear, gracias a tu ingenio y diligencia, por el afecto que nos tenemos quiero compartir contigo lo que he venido pensando durante días y noches sobre tu campaña electoral. No es que requieras de mis consejos, pero tales cuestiones pueden ser tan caóticas que a veces resulta conveniente ponerlas por escrito en un solo lugar con distribución lógica.

Recuerda siempre en qué ciudad estás, a qué cargo te postulas, y quien eres. Cada día, mientras te diriges al Foro, debes meditar: "Soy provinciano, me postulo a Cónsul, esta es Roma."

Que te llamen provinciano será mitigado por tu gloria como orador, cualidad que siempre ha sido altamente valorada. Tampoco pueden decir que uno que fue digno de defender a cónsules en los tribunales es indigno de ser cónsul. Dado que eres tan hábil comunicador, y tu reputación está basado en ello, debes encarar cada discurso como si tu destino dependiera de ese único evento.

Toma conciencia de tus grandes ventajas: recuerda lo que Demetrio escribió sobre el tesón en el estudio y la práctica de Demóstenes. Pocos provincianos tienen la cantidad de amigos, de pueblo y de grupos como los que te apoyan. Todos los contratistas públicos, la mayoría de los empresarios y los municipios vecinos están de tu lado. También todos aquellos de tan variados orígenes a quienes has defendido exitosamente en juicio. Aprovecha también a los jóvenes que te admiran y quieren aprender de ti, y a los amigos que te frecuentan cotidiana y asiduamente.

Esfuérzate por conservar el beneplácito de estos grupos, dándoles recomendaciones útiles y pidiéndoles a cambio sus consejos. Ahora es el momento que devuelvan favores. No pierdas oportunidad de recordar a quienes están en deuda contigo que deben pagarte con su apoyo, y haz saber a quienes no te deben nada que su oportuna ayuda te obligará hacia ellos. Será de gran valor el apoyo de la elite, y especialmente de quienes han sido cónsules. Si quieres ser parte de ese cuerpo, es esencial que te consideren digno de ello.

Debes cultivar asiduamente tus relaciones con estos hombres privilegiados. Tanto tú como tus amigos deben esforzarse en convencerles que siempre has sido conservador, y de ningún modo populista. Diles que, si les parece que haces discursos populistas, es sólo porque necesitas el apoyo de Pompeyo, cuya gran influencia puede ser de mucha ayuda en tu candidatura, o al menos para evitar que esté en contra tuyo.

Esfuérzate en lograr que los jóvenes de las familias nobles estén de tu lado, y en retenerlos. Pueden serte de gran ayuda, dando dignidad a tu campaña. Ya tienes muchos simpatizantes entre ellos, entonces trata de hacerles saber cuánto los aprecias. Si puedes ganarte el apoyo de mayor número de ellos, tanto mejor.

Otro factor que puede ayudarte como provinciano es la pésima calidad de tus adversarios de familias nobles. Nadie puede decir razonablemente que su cuna noble les da más méritos para ser cónsul, que tus cualidades naturales. Quién creería que unos inútiles como Publius Galba y Lucio Casio podrían postularse para los más altos cargos de la República, por más que vengan de las mejores familias. Puedes ver claramente que hombres de ilustrísimas familias no te igualan, porque carecen de tu energía y empuje.

Podrías decir, sin embargo: Antonio y Catilina son rivales peligrosos. Sí, ciertamente, pero no para alguien como tú, que eres diligente, industrioso, libre de escándalos, elocuente y apreciado por muchas personas con poder. Debes estar agradecido por tener como rivales a estos dos, malevos desde la infancia, mujeriegos libidinosos, y derrochadores de sus fortunas.

Considera a Antonio, cuyas propiedades fueron confiscadas para pagar sus deudas, y declaró luego bajo juramento que no podría competir, en un juicio justo, contra un griego. ¿Recuerdas cómo fue expulsado del Senado, tras ser examinado por los censores? Y cuando se postuló como candidato a pretor, sólo consiguió el apoyo de Sabidio y Panthera.

Y el otro, Catilina, ¡por todos los dioses! ¿Cuáles son sus méritos? No es más noble que Antonio, pero tiene sus virtudes: ¿cuáles son? Antonio es un cobarde que tiene miedo hasta de su sombra, pero éste no teme siquiera a la ley. Nacido en carencia de padre, educado violando a su hermana, graduado matando ciudadanos, y cuya primera gestión pública fue asesinar empresarios romanos (recordarás que el dictador Sila lo puso al frente de los mercenarios galos que decapitaron a los Titinios, los Nanneios y los Tanusios); y mató con sus propias manos a su cuñado Quinto Cecilio, hombre virtuoso, empresario romano, anciano pacífico y sin partido político alguno.

¿Qué más puedo decir de este Catilina que aspira a ser Cónsul contigo? A la vista de todo el pueblo romano, persiguió por toda la ciudad con garrotes a Marco Mario, hombre tan querido por el pueblo, hasta el panteón de su familia donde lo torturó brutalmente y ya apenas vivo y respirando, lo tomó de la cabellera con la mano izquierda y con la derecha lo decapitó con su espada, exhibiendo su cabeza con ríos de sangre chorreando entre sus dedos. Vivió con actores y con gladiadores, teniendo así algunos compañeros para sus deseos libidinosos, y otros para sus delitos. No hay lugar tan santo ni tan sagrado al cual no haya llegado sin profanarlo, incluso cuando sus compañeros se negaran a llegar a ese extremo.

Se hizo amigo de gente de la peor calaña: en el Senado de los Curios y los Anios, entre los comerciantes de los Sapalas y los Carvilios, entre los empresarios de los Pompilios y los Vetios. Es tan impúdico, tan maligno, tan hábil y eficaz en sus vicios, que violó a niños casi en el regazo de sus padres. ¿Qué te puedo escribir de sus hazañas en el Africa, a más de lo contado por testigos en los juicios? Son de público conocimiento, y debes interiorizarte de ellos. En los tribunales gastó tanto dinero en sobornos que salió más pobre de lo que habían sido antes sus jueces; y tan pésima fue la sentencia que casi a diario se reiteran demandas de imputarlo nuevamente. Es tan impredecible que se le teme más cuando no está haciendo nada, que cuando está cometiendo sus fechorías.

¡Tienes tanta más suerte en tu candidatura que Cayo Celio, ese otro candidato provinciano, hace treinta años! El compitió con dos hombres de muy noble familia, y de aun mayores virtudes: eran de gran ingenio, virtud, modestia, y gran generosidad, y condujeron sus campañas con notable diligencia e inteligencia. Sin embargo, Celio derrotó a uno de ellos, siendo de origen más humilde y sin méritos mayores que ellos.

En cuanto a ti, si aprovechas tus cualidades naturales y todo lo que has aprendido en la vida, si haces lo que puedes y lo que debes hacer, no te será difícil el certamen contra estos dos rivales, más célebres por sus vilezas que por su abolengo. ¿Habrá algún ciudadano romano tan perverso que, en una sola votación, quiera clavar dos puñales tan sangrientos en la República?

Ya que he expuesto tus cualidades, y cómo puedes sobreponerte a tu condición de provinciano, te hablo ahora de la magnitud de lo que ambicionas. Te postulas a Cónsul, honor del cual no hay nadie que te juzgue indigno, pero si hay muchos que te envidiarán; tú, de la orden empresaria, aspiras al más alto cargo de la República, cargo que te traerá a ti, hombre de valentía, elocuencia y libre de escándalos, mucho mayor distinción que a otros. Quienes ostentaron antes ese cargo conocen bien la distinción que te traerá, pero hay otros, nacidos de familias consulares, que no han alcanzado el lugar de sus mayores. Sospecho que te envidiarán, salvo aquellos que te profesan mucho afecto. También hay provincianos que lograron el cargo de Pretor, que no querrán verse superados en honor por ti, salvo aquellos que están muy en deuda contigo.

Sé también que muchos te desprecian, y que, debido a las turbulencias de estos últimos años, querrán evitar el poder de los provincianos. Hay quienes están furiosos contigo por litigios en los que has participado. Y mira a tu alrededor, a supuestos amigos tuyos que están enfadados porque te dedicaste con tanto fervor a promocionar la gloria de Pompeyo.

Por todo esto, cuando te candidatas al más alto cargo de la república, y ves la gente que se te opone, es necesario que emplees respecto a ellos toda la inteligencia, el cuidado, la laboriosidad y la diligencia posibles.

La campaña para lograr un alto cargo se divide en dos facetas: una, para asegurar el respaldo de los amigos, y la otra, para ganar la voluntad popular. El respaldo de los amigos se logra mediante la benevolencia, los favores, las viejas amistades, estando siempre disponible para ellos, con alegre simpatía. Pero en una elección, debes pensar en la amistad en términos más amplios que en la vida diaria. Como candidato has de contar entre tus amigos a cualquiera que muestre alguna buena voluntad hacia ti, que te cultive, que te visite en tu casa. Pero debes ser aún más cariñoso y alegre con los que son tus amigos por razones valederas, por vínculos familiares, por afinidad de intereses y por compañeros en tus actividades.

Luego debes dedicarte a que tus íntimos y tus familiares te amen, y ambicionen para ti el éxito. También los miembros de tu tribu, tus vecinos y clientes, los esclavos a quienes liberaste, e incluso tus sirvientes, porque a través de ellos todas las conversaciones domésticas son difundidas al público.

Luego has de ser diligente en cultivar amistades de todo tipo entre hombres ilustres, sea por sus apellidos o por sus méritos, quienes, aunque no voten por ti, contribuyen sin embargo prestigio a tu candidatura. Procura ganarte la simpatía de quienes han ocupado altos cargos públicos, sobre todo los cónsules, y también los tribunos del pueblo. Hazte amigo de aquellos que gozan de gran influencia sobre las centurias y las tribus, y trabaja para mantenerlos de tu lado. Estos hombres se han esforzado mucho para ganarse la influencia que tienen; tú debes trabajar con ahínco para que te apoyen con sinceridad y entusiasmo.

Si los hombres te están suficientemente agradecidos —y estoy seguro de que lo están— todo está preparado entonces para ti. En los últimos dos años lograste el apoyo de cuatro gremios liderados por hombres importantísimos: Cayo Fundanio, Quinto Galo, Cayo Cornelio y Cayo Orquivio. Aceptaste representarlos, y sé lo mucho que conseguiste para ellos, porque estuve en sus reuniones. Ahora es el momento de exigir, con pedidos y ruegos insistentes, que cumplan contigo, dándoles a entender que no tendrán otra oportunidad de agradecerte. Estoy seguro de que te apoyarán con entusiasmo, por los beneficios que han recibido, y por los que esperan recibir de ti en el futuro.

Recuerda también aquellos que te deben favores porque los defendiste exitosamente en sus litigios. Explica claramente lo que esperas de cada uno, recuérdales que nunca antes los molestaste con pedidos. Haz que entiendan que ahora es el momento de corresponder por todo lo que te deben.

Hay tres medios por los cuales se asegura el voto de los electores: los favores, la esperanza y la simpatía. Debes precisar que incentivo es el más adecuado para cada persona. Aún por pequeños favores, los hombres pueden considerar que hay suficiente causa para ir a votar por ti. Cuanto más todos aquellos para quienes fuiste la salvación, de los que hay muchísimos. Tienen que saber que, si en este momento no hacen lo suficiente por ti, perderán todo prestigio. Debes acercarte personalmente a ellos para explicarles esto, y asegurarles que nos sentiremos obligados respecto a aquellos que ahora cumplen con nosotros.

En cuanto a aquellos en quienes has inspirado esperanza, un grupo mucho más diligente y trabajador, debes asegurarles que siempre estarás disponible para ayudarlos. Debes hacerles saber que estás muy agradecido, y que observas de cerca y valoras lo que cada uno hace por ti.

El tercer grupo está integrado por quienes te apoyan voluntariamente, porque creen tener un vínculo personal contigo. Estimula esta idea reconociéndolos, adaptando tu mensaje a las circunstancias de cada uno, y dándoles la certeza que cuanto más hacen por ti, más íntimo y familiar será tu trato con ellos.

Y en todos estos grupos, juzga lo que cada uno puede hacer por ti, lo que tú puedes hacer por ellos, y qué puedes esperar y exigir de cada uno.

En cada vecindario y municipio hay individuos de gran influencia. Son personas diligentes y prósperas que, incluso si no te apoyaron en el pasado, puedes ahora sumarlos a tu causa si te deben un favor, o ven que les serás útil en el futuro. Cultiva tus relaciones con estas personas de tal forma que comprendan lo que esperas de ellos, que agradeces lo que hacen por ti, y que recordarás la ayuda recibida de ellos. Trata de diferenciar estos de otros que, pese a parecer importantes, poco pueden contribuir, no son queridos por sus familiares, y no tienen ánimo ni capacidad de esforzarse por ti. Evita invertir tiempo y energía con estos, que te serán de poca ayuda.

Y aunque las amistades que ya te has ganado y confirmado te serán de gran ayuda y fortalecerán tu candidatura, en el curso de tu campaña te harás de muchísimos y muy valiosos nuevos amigos. Fastidia hacer campaña, pero tiene la ventaja de permitirte hacer amistad con muchas personas a quienes de otra manera no llegarías a conocer en tu vida diaria, o que parecería absurdo si lo hicieras. Pero en campaña te creerán tonto si no cultivas la amistad de gente a quien nadie decente se acercaría.

Te aseguro que no hay nadie, excepto quizás algunos fanáticos partidarios de tus rivales, a quien no puedas atraer a tu candidatura con esfuerzo y favores adecuados. Pero esto sólo sucederá si él está convencido que das gran importancia a su apoyo, que eres sincero, que puedes hacer algo por él, y que tu amistad no es momentánea y sólo por interés electoral, sino firme y perpetua.

Nadie, te aseguro, dejará pasar la oportunidad de ganarse tu amistad, especialmente cuando tus rivales son personajes cuya amistad se desprecia o se evita, y que de ninguna manera podrían aprovechar estos consejos que te doy, ni siquiera comenzar a ponerlos en práctica.

Fíjate en Antonio, ¿cómo podrá ganarse la simpatía de la gente cuando ni puede recordar sus nombres? Es completamente absurdo creer que votará por ti alguien que no te conoce. Sería necesaria milagrosa habilidad, glorioso renombre y grandes hazañas para ganarse el favor de los electores sin siquiera hablar con ellos. Salvo que medie alguna gran calamidad, es imposible que un tipo inútil, haragán, sin oficio, sin ingenio, de pésima fama, y sin ningún amigo, gane en los comicios a un hombre querido por muchos y admirado por todos.

Por consiguiente, cuida de confirmar el apoyo de todas las centurias, ganándote amistades de todo tipo. Desde luego, estos deben incluir senadores, empresarios romanos y personalidades importantes de todas las clases. Muchos artesanos industriosos y esclavos libertos frecuentan el foro. Trata de atraerlos a tu causa, exhortándoles tú mismo, o a través de amigos. Habla con ellos, envíales tus aliados, muéstrales que son importantes para ti.

Luego, presta atención a los gremios, las organizaciones, las asociaciones de vecinos, y las juntas de los pueblos aledaños. Si logras que los líderes se adhieran a tu causa, los demás miembros los seguirán. Después, haz lo mismo con los pueblos de toda Italia, identificando a qué tribu pertenece cada uno y tratando que no haya ningún municipio, colonia o prefectura en las cuales carezcas de apoyo suficiente.

Busca hombres en todas partes que hagan campaña por ti como si ellos mismos fueran candidatos. Visítalos, habla con ellos y trata de conocerlos bien. Fortalece su lealtad del modo más adecuado para cada uno, usando el lenguaje apropiado en cada caso. La gente de pueblo del interior y los campesinos se considerarán amigos tuyos si los conoces por nombre, pero no son tontos, y sólo te apoyarán si creen que hay alguna ventaja para ellos. Otros, y en especial tus rivales, ni siquiera tratan de conocer a este tipo de gente, como tú los conoces y los reconoces, sin lo cual la amistad es imposible.

Aun así, con cualquier clase de personas, conocerlos por su nombre es insuficiente, debe existir esperanza de ventajas y de verdadera amistad. Cuando crean esto, los líderes de las tribus y las centurias alentarán a sus integrantes a trabajar por ti. De esta forma, con adeptos en los pueblos, las tribus, los barrios y los gremios haciendo campaña por ti, tendrás mucha esperanza de éxito.

Debes prestar especial atención a las centurias de los empresarios. Relaciónate con los líderes, lo que no es difícil porque son pocos. La mayoría son hombres jóvenes, que serán más fáciles de persuadir que los mayores, ya con ideas fijas. Si lo logras, tendrás de tu lado a lo más selecto de Roma. Esto debe resultarte fácil, porque como eres de la orden de los empresarios, eres uno de ellos. Ayudará muchísimo a tu campaña contar con el entusiasmo y la energía de estos jóvenes para hacer proselitismo a favor tuyo, acompañándote y proclamando tus virtudes y méritos.

Y ya que hablamos de seguidores, te digo también esto: debes tener gente de todas las clases y edades acompañándote diariamente. Los votantes te juzgarán por la calidad y cantidad de gente que te rodea. Hay tres tipos de seguidores: los que vienen a saludarte a tu casa, los que te acompañan al Foro, y los que están a tu lado donde quiera que vayas.

Los primeros son los menos confiables, ya que muchos de ellos irán luego a saludar a otros candidatos. Pese a ello, cuando los veas expresa tu satisfacción porque han venido a saludarte, y comenta a sus amigos que reconoces sus visitas, porque sus amigos les repetirán tus palabras. Aunque visiten a otros candidatos, puedes convertirlos en partidarios tuyos prestándoles especial atención. Si escuchas o sospechas que alguno de ellos no te apoya tan firmemente como aparenta, finge que ese no es el caso. Si intenta explicarte que los rumores son falsos, asegúrale que nunca dudaste de su lealtad, y que jamás dudarías en el futuro. Haciéndole creer que confías en él como amigo, tienes más posibilidades que realmente lo sea. Pero no seas crédulo, confiando en cualquiera que te expresa su adhesión, sino que usa tu criterio para decidir a quién creer y a quien no.

Muéstrate aún más complacido con aquellos que te acompañan al Foro, asegúrales que los estimas más que a aquellos que sólo vienen a saludarte. Trata de ir al Foro todos los días a la misma hora, para tener siempre un gran número de acompañantes contigo; esto impresionará favorablemente al pueblo.

El tercer tipo de seguidor es aquel que siempre está contigo. Los que lo hacen voluntariamente deben entender que siempre estarás obligado respecto a ellos por el apoyo que te dan. Pero a los que lo hacen por alguna deuda que tienen contigo, debes exigirles estricto cumplimiento, salvo que por su edad o por algún compromiso ineludible no puedan, en cuyo caso deben hacerse reemplazar por un pariente. Es de fundamental importancia que siempre estés rodeado de una multitud de partidarios.

Entre estos están las personas a quien defendiste en los tribunales, y que gracias a ti ganaron sus juicios. Debes ser claro con ellos, que esperas a cambio su incondicional apoyo, ya que sin cobrarles nada algunos conservaron sus bienes, otros su reputación, algunos la vida, y todos, sus fortunas, y que no tendrán otra oportunidad de retribuirte.

Y ya que tanto he escrito sobre la amistad, creo oportuno recomendarte cautela. Estamos rodeados de fraude, traición y perfidia. No es el momento para entrar a debatir sobre cómo distinguir los verdaderos de los falsos amigos, pero vale un sencillo consejo. Tus grandes méritos han llevado a algunos a simular amistad, cuando en realidad te tenían envidia. Por ello, debes recordar lo dicho por Epicarmo: la esencia de la sabiduría es no confiar temerariamente.

Una vez definido quienes son tus verdaderos amigos, dedica algún tiempo a considerar las razones y los tipos de tus detractores y adversarios. De estos hay tres: los que han sido perjudicados por ti, los que sin motivo no te quieren y los que son muy amigos de tus rivales. A los que perjudicaste porque perdieron en un litigio contra alguien a quien defendías, explícales con sinceridad que por compromiso representaste a un amigo tuyo en el juicio, y que, si fueran tus amigos, harías otro tanto por ellos. A los que sin motivo no te quieren, trata de atraerlos haciéndoles algún favor y manifestándoles tu amistad. Y a los que apoyan a tus rivales por una gran amistad, trátalos también de la misma forma, demostrando así tu benevolencia incluso con los partidarios de tus rivales.

Ya he dicho suficiente sobre cómo has de hacerte de amigos; hablemos ahora de cómo has de ganarte el voto de la masa popular. Estos valoran el reconocimiento, los halagos, la persistencia, la generosidad y la esperanza en la cosa pública.

En primer lugar, esfuérzate para reconocer a las personas, y preocúpate en memorizar caras y nombres, de modo que cada día lo hagas mejor. Nada impresiona tanto al elector como el ser reconocido.

Luego debes esforzarte en simular algo que no te es natural. No careces de la fina cortesía del hombre bueno y delicado, pero debes aprender el arte de la lisonja. Aunque esto puede resultar odioso y torpe en la vida cotidiana, sin embargo es necesario en una campaña electoral. Es una vileza incitar a alguien con halagos para hacer lo que no debe, pero es admisible si tiene por fin fortalecer amistades. De hecho, es necesario para el candidato que debe adecuar su ideología, expresiones y discurso buscando acomodarse a los intereses y deseos de los distintos grupos con los que se reúne.

En cuanto a la persistencia, no precisa explicación; la palabra misma lo dice todo. Es no alejarse, y no sólo estar en Roma y en el Foro, sino exhortar insistentemente, hablando constantemente con la gente. No debes permitir que alguien se queje que no solicitaste su voto, a menudo y diligentemente.

La generosidad que se da en el entorno familiar, aunque no llegue a la multitud, causa sin embargo favorable impresión en el pueblo, al conocerse por elogios de los amigos. También es reconocible por las fiestas y los banquetes. Tú debes ofrecerlos, y también convencer a tus amigos y a los líderes de tu tribu que los ofrezcan. Y todo esto debe ser divulgado, para que se conozca. Otra forma de generosidad es estar disponible para la gente, día y noche, no sólo dejando abiertas las puertas de tu casa, sino abriendo también tu rostro y tu expresión, que son las puertas de tu alma. Si aparentas estar distante y distraído, de nada sirve que tu pórtico este abierto. El pueblo quiere no sólo promesas del candidato, sino compromisos dados con honor y generosidad.

Por consiguiente, una regla de fácil cumplimiento es que, cuando prometes que harás algo que te piden, lo digas con gusto y entusiasmo. Más difícil resulta responder, especialmente para un hombre de tu carácter honorable, a demandas que sabes que no podrás cumplir. Puedes decir que no, o puedes decir que sí. Lo primero es de un buen hombre, lo segundo, de un buen candidato. Pero cuando te piden algo que evidentemente te será imposible cumplir, como, por ejemplo, que tomes una causa en contra de un amigo tuyo, debes negarte manifestando la pena que te causa no poder acceder al pedido, y prometiendo que con gusto lo compensarás de otra manera.

Me contaron el caso de un hombre que pidió a varios abogados que lo representen en un litigio. Le fue más grata la sincera y cordial respuesta de uno que se negó, que la del quien finalmente aceptó la causa. A los hombres les seduce más el modo en que se dicen las cosas, que la cosa misma. Es probable que un admirador de Platón como tú, prefiera negarse al pedido que sabe que no podrá cumplir, pero trataré de evitar que pierdas el tiempo. La persona a quien le niegas algo, explicando que tienes un impedimento ético, posiblemente lo acepte de buena manera. Pero al que respondes que no tienes tiempo, o que tienes otros intereses, se marchará convertido en tu enemigo. La gente prefiere la piadosa mentira a la honesta negativa.

Cayo Cotta, aquel virtuoso de las campañas electorales, solía decir que prometía todo a todos, salvo que hubiera algún impedimento evidente, pero solo cumplía lo que le convenía. Casi nunca negaba un pedido, porque decía que en muchos casos el que había recibido una promesa terminaba no necesitándola. Además, no tendría manera de llenar su casa con adeptos si solo estaban aquellos cuyos pedidos él estaba dispuesto a cumplir. Siempre ocurre lo imprevisto y no ocurre lo previsto, entonces sólo en casos excepcionales te reclamarán la mentira que les dijiste.

Si prometes algo, su cumplimiento será en fecha incierta, y afectará a pocos, pero si te niegas, el enojo es inmediato y afecta a muchos, porque son muchos los que piden cosas, pero pocos los que realmente exigen luego el cumplimiento. Es mejor, entonces, que unos pocos estén hablando mal de ti en el Foro, a que muchos protestando frente a tu casa porque te niegas a prometerles lo que piden. La gente se molesta mucho más cuando se les niega tajantemente su pedido, que cuando se les explica que con gusto se habría cumplido si no fuera por alguna causa imprevista que impidió hacerlo.

No creas que me aparté del tema de ganarte el apoyo popular. Todo esto que te digo es pertinente más a tener buena fama con el pueblo que a fomentar el apego de tus amigos, aunque lo dicho también es aplicable a éstos. Sin embargo, aquí te estoy explicando cómo has de cautivar a la multitud, de tal forma que de madrugada tu casa se llene de partidarios esperanzados de tu protección, que se despedirán siendo más leales a ti que cuando llegaron, con los oídos llenos de tu elocuente y persuasiva conversación.

Ahora, pues, hablemos del renombre, que debes aprovechar al máximo. Todo lo que te he dicho previamente contribuirá a fortalecer tu renombre. Tu fama como orador, el aprecio de los contratistas públicos y los empresarios, el apoyo de los nobles, la juventud que te quiere, el acompañamiento de quienes defendiste en juicios, la multitud de gente que viene de los pueblos del interior a apoyarte: todos estos hablan bien de ti, dicen que los conoces y que los tratas con toda cortesía, que pides que te apoyen, que eres decente y generoso. Esto llenará tu casa de adeptos antes del amanecer. Debes prometer a todos lo que piden, y cumplir con muchos, y con trabajo inteligente y diligente lograr, no solo que tu fama llegue al pueblo a través de estas personas, sino que el pueblo mismo se sienta comprometido contigo.

Ya tienes el apoyo de la muchedumbre romana y de sus líderes, por tus elogios a Pompeyo y tu defensa de sus leales Manilio y Cornelio. Ahora debes hacer lo que nadie antes logró: ganarte el apoyo de los nobles. Pero nunca dejes que el pueblo se olvide que tienes el beneplácito de Cneo Pompeyo, y que le haría muy feliz que fueras electo Cónsul.

Finalmente, en tu campaña, cuida de hacer muchos fastuosos y esplendidos espectáculos, que tanto gustan al pueblo, pero que sean al mismo tiempo dignos y decorosos. Siempre que puedas, aprovecha para señalar la vileza de tus rivales, sus crímenes y libertinajes, y la corrupción en la que estuvieron envueltos.

Lo más importante de tu campaña es ofrecer esperanza al electorado, y fomentar tu reputación de hombre bueno y honesto, pero sin comprometerte ni con el Senado ni el pueblo. Trata que los senadores estimen que, por tu trayectoria de vida, serás el defensor de su autoridad. Que los empresarios, los nobles y los ricos entiendan que defenderás la paz y la estabilidad. Y que el pueblo piense, por los discursos que has hecho en las asambleas y los tribunales, que serás sensible a sus necesidades.

Estas son las cosas que me vinieron en mente al considerar las dos primeras meditaciones que te sugerí hicieras camino al Foro: "Soy provinciano, me candidato a Cónsul." Queda la tercera: "Esta es Roma." Nuestra ciudad es una mescolanza de naciones, llena de traiciones, mentiras y vicios de todo tipo. Hay aquí demasiada gente que tolerar, arrogante, contumaz, malévola, soberbia y llena de odio. Requiere gran inteligencia y habilidad moverse entre personas con tantos vicios sin dar ofensa, evitando los chismes y las traiciones. Pocos son los que pueden mantener su integridad y a la vez adaptarse a tan gran variedad de costumbres, maneras de hablar y de pensar.

Por esto, debes mantener la recta conducta que siempre has tenido, luciéndote en tus discursos, porque esto atrae a los romanos y los mantiene fieles a ti. En una ciudad tan viciosa, con tantas prebendas y sobornos, la gente se olvida de la virtud y de la dignidad. Entonces tus rivales deben saber que los estás observando, y que los denunciarás. Temerán tu autoridad y elocuencia, y el apoyo que tienes de los empresarios.

No es necesario que querelles a tus adversarios por corrupción, sólo deben saber que lo harás si fuese necesario. El temor a un juicio es más eficaz que el juicio en sí. Y no te preocupes demasiado por esto. No conozco elección alguna que haya sido tan manchada por sobornos, en la que alguna centuria no terminara votando de todos modos por su candidato predilecto.

Por lo cual, si velas por la integridad del proceso, si inspiras devoción en tus partidarios, si asignas tareas a cada uno, si amenazas a tus rivales con enjuiciarlos, si atemorizas a sus operadores y vigilas a sus compradores de votos, lograrás evitar los sobornos, o hacer que no valgan nada.

Estas son las ideas que puedo darte. No es que yo sepa más de todo esto que ti, sólo que, por lo ocupado que estás, pensé que podría más fácilmente reunirlas en un solo lugar y enviártelas por escrito. Estos consejos no fueron escritos para cualquiera que se candidate, sino específicamente para ti y tu candidatura. Pero si te parece que algo debe cambiarse o suprimirse, o si he omitido algún punto, te ruego que me lo digas, de modo que este manual eleccionario pueda considerarse completo.

EPILOGO

Marco Cicero ganó la elección con el mayor número de votos, asumiendo el consulado, seguido por Antonio en segundo puesto, como cónsul adjunto, en el año 63 A.C.

Catilina resultó perdedor y se postuló otra vez como candidato al año siguiente, perdiendo de nuevo. Gastó tanto dinero en sus campañas que, desesperado y casi en quiebra, conspiró para formar un ejército para derrocar la república con soldados resentidos por el trato que habían recibido al licenciarse. Marco descubrió la conspiración, y pronunció cuatro célebres discursos en el Senado, las catilinarias, denunciando la traición de Catilina. Su primer discurso se inició con la frase, *"Quo usque tandem abutere, Catilina, patientia nostra?"* (¿Hasta cuándo, Catilina, abusarás de nuestra paciencia?), frase que resuena hasta nuestros días.

Gentileza de Jeffrey Greggs

Marcha de solidaridad con las mujeres y de protesta contra el presidente Trump en Washington, el 21 de enero de 2017.

El ejército de la republica derrotó a los sublevados, y Catilina fue muerto en batalla. Por su actuación en este episodio, el senado romano designó a Marco *Pater Patriae* (Padre de la Patria).

Pero la república romana estaba llegando a su final. Un sistema de gobierno que había funcionado muy bien para un pequeño pueblo de Italia era totalmente inadecuado para administrar un vasto imperio, y no pudo resistir los embates autoritarios de generales y dictadores.

Quinto tuvo una distinguida carrera como pretor y gobernador de Asia (la actual Turquía), y luego combatió con valentía junto a Julio Cesar en las guerras contra los galos. En la guerra civil entre los seguidores de Pompeyo y los de Julio Cesar, se alió con Pompeyo, que resultó perdedor. Condenado a muerte, Julio Cesar conmutó su pena.

Luego del asesinato de Julio Cesar en el senado, en marzo del año 44 A.C., Marco y Quinto, esperando salvar el sistema republicano, tomaron partido con la fracción de Bruto, contra la de Marco Antonio y Octaviano. Estos derrotaron a Bruto, y decretaron la proscripción de Marco, de Quinto y de muchos de sus amigos y partidarios, lo cual equivalía a una sentencia de muerte porque recompensaba a quien los encontrara y matara.

Quinto fue asesinado en Roma, y Marco en Formiae, al sur de Roma, en diciembre del año 43 A.C. Marco Antonio mandó cortar la cabeza y las manos de

Marco, que fueron exhibidas—clavadas en estacas—en el foro romano.

Con la muerte de Marco Tulio Cicerón, se extinguió la última esperanza de la república romana. Octaviano se volvió contra Marco Antonio y lo derrotó en la batalla de Actium, asumiendo el poder absoluto como primer emperador romano en el año 33 A.C. con el nombre de *Imperator Caesar Divi Filius Augustus*, Emperador Augusto.

COMENTARIOS AL TEXTO

Varios autores han cuestionado la autenticidad del Comentariolum, en base a ciertas inconsistencias lingüísticas y cronológicas. Sin embargo, debe tenerse en cuenta que el texto llega a nuestros días a través de copias levantadas no sólo durante la época de dominio romano sino con posterioridad, en el medioevo.

Era habitual que en las escuelas romanas, para el aprendizaje de redacción y gramática, se usasen los escritos de autores conocidos, entre ellos Marco Tulio Cicerón, uno de los mejores estilistas del latín clásico. Sus obras y las de otros autores de la época, han llegado a nosotros como copias de múltiples copias anteriores, manuscritas por escribas que fueron introduciendo sucesivos errores y variantes en los textos.

Pero es indudable que el autor del Comentariolum conocía perfectamente el ambiente de la Roma de mediados de siglo A.C., y cómo funcionaba una campaña electoral.

Puede dudarse que el propósito de Quinto fuera proporcionar a Marco un manual práctico del candidato para uso personal y privado, como expresa en su texto, o si era más bien un panfleto propagandístico, bajo forma de carta personal. Las exaltadas loas a las cualidades de Marco, y los violentos vituperios contra sus rivales inducen a suponer que su objetivo fuera no tanto ser leído por el candidato sino por los electores. Se ha especulado, incluso, que el texto podría haber sido escrito por el propio Marco Cicerón con este fin.

Sobreviven muy escasos textos de la Roma de los reyes o de los primeros siglos de la república, y nuestro conocimiento de esos tiempos está basado en historias y leyendas muy posteriores. Pero en torno al primer siglo A.C. se dio allí un auge literario, con cartas, obras de teatro, poesías y discursos. Los escritos de Marco Cicerón abarcan, ellos solos, varios volúmenes.

Estos textos llegaron al presente porque fueron copiados innumerables veces, para distribución masiva, ya que la mayor parte de la población romana sabía leer. Esto es confirmado por los múltiples grafiti en las paredes de Pompeya, dirigidos evidentemente a la gente común. No es entonces imposible que Quinto haya escrito el Comentariolum para los electores, buscando influir sobre su opción en el momento de votar

.

COLLATIO TOMI

REFLEXIONES FINALES

La vida de Marco Tulio Cicerón abarcó la etapa transición de un sistema republicano a un sistema dictatorial, con dictadores llamados emperadores. Esa etapa estuvo marcada por traiciones, conspiraciones, magnicidios y guerra civil. La asunción de Augusto como emperador dio inicio a un periodo mucho más tranquilo, que duró unos 200 años, la época de la famosa Pax Romana, donde dentro del imperio hubo relativa paz y progreso, aunque las hostilidades en las fronteras continuaron sin interrupción.

De la Roma republicana quedan pocos indicios. Prácticamente todas las magníficas edificaciones y extraordinarias obras de ingeniería cuyos restos son visibles hoy datan de la época imperial. Ni el Senado, máxima legislatura de la república, tenía un edificio propio; se reunía en distintos locales y templos de acuerdo a la necesidad y disponibilidad. El propio emperador Augusto no vivió en un palacio, sino en una vivienda familiar como tantas otras. Sus sucesores tuvieron aspiraciones residenciales mucho más ambiciosas.

Como muchas dictaduras, el imperio se disfrazó con vestimentas republicanas. Al principio siguió habiendo elecciones, cónsules, pretores, tribunos, senado, pero nadie tenía ninguna duda sobre donde estaba el poder y de quien provenían las decisiones.

Hay decenas, sino centenas de libros que a través de las décadas han examinado las causas de la caída de la república, pero básicamente se pueden resumir en que la estructura institucional de la república no se adecuó a las exigencias de administración de un vasto imperio. Roma nunca tuvo una constitución propiamente dicha. Existían las llamadas Doce Tablas, una especie de código civil y penal, bastante desordenado y amorfo, que se consideraba la base del derecho romano.

El increíblemente complicado sistema de elecciones, con tres tipos de asambleas distintas, la segmentación de los ciudadanos por nivel socioeconómico (las centurias), por localidad de origen (las tribus) y por abolengo (los patricios, los nobles y los plebeyos) estaba estructurado como una constitución consuetudinaria, que era periódicamente modificada por necesidades o conveniencias circunstanciales. El senado, la máxima legislatura, estaba integrado por legisladores hereditarios con raras incorporaciones de nuevas figuras. El sistema electoral mediante el cual la gran masa de la población que integraba las centurias de menor rango—y que la mayoría de las veces ni llegaba a votar—fomentaba en esta la sensación de ser clases desposeídas e ignoradas, caldo de cultivo para insurrecciones y caudillismos populistas.

APENDICE

TEXTO EN LATIN

Q. TVLLI CICERONIS

COMMENTARIOLVM PETITIONIS CONSULATUS

AD M. FRATREM

Quintus Marco fratri salutem dicit

Etsi tibi omnia suppetunt ea quae consequi ingenio aut usu homines aut diligentia possunt, tamen amore nostro non sum alienum arbitratus ad te perscribere ea quae mihi veniebant in mentem dies ac noctes de petitione tua cogitanti, non ut aliquid ex his novi addisceres, sed ut ea quae in re dispersa atque infinita viderentur esse ratione et distributione sub uno aspectu ponerentur. Quamquam plurimum natura valet, tamen videtur in paucorum mensium negotio posse simulatio naturam vincere.

Civitas quae sit cogita, quid petas, qui sis. Prope cottidie tibi hoc ad forum descendenti meditandum est: "Novus sum, consulatum peto, Roma est."

Nominis novitatem dicendi gloria maxime sublevabis. Semper ea res plurimum dignitatis habuit; non potest qui dignus habetur patronus consularium indignus consulatu putari. Quam ob rem quoniam ab hac laude proficisceris et quicquid es ex hoc es, ita paratus ad dicendum venito quasi in singulis causis iudicium de omni ingenio futurum sit.

Eius facultatis adiumenta, quae tibi scio esse seposita, ut parata ac prompta sint cura, et saepe quae de Demosthenis studio et exercitatione scripsit Demetrius recordare. Deinde fac ut amicorum et multitudo et genera appareant; ¿habes enim ea quae qui novi habuerunt? omnis publicanos, totum fere equestrem ordinem, multa propria municipia, multos abs te defensos homines cuiusque ordinis, aliquot conlegia, praeterea studio dicendi conciliatos plurimos adulescentulos, cottidianam amicorum adsiduitatem et frequentiam.

Haec cura ut teneas commonendo et rogando et omni ratione efficiendo ut intellegant qui debent tua causa, referendae gratiae, qui volunt, obligandi tui tempus sibi aliud nullum fore. Etiam hoc multum videtur adiuvare posse novum hominem, hominum nobilium voluntas et maxime consularium; prodest, quorum in locum ac numerum pervenire velis, ab iis ipsis illo loco ac numero dignum putari.

Ii rogandi omnes sunt diligenter et ad eos adlegandum est persuadendumque est iis nos semper cum optimatibus de re publica sensisse, minime popularis fuisse; si quid locuti populariter videamur, id nos eo consilio fecisse ut nobis Cn. Pompeium adiungeremus, ut eum qui plurimum posset aut amicum in nostra petitione haberemus aut certe non adversarium.

Praeterea adulescentis nobilis elabora ut habeas, vel ut teneas studiosos quos habes; multum dignitatis adferent. Plurimos habes; perfice ut sciant quantum in iis putes esse. Si adduxeris ut ii qui non nolunt cupiant, plurimum proderunt.

Ac multum etiam novitatem tuam adiuvat quod eius modi nobiles tecum petunt ut nemo sit qui audeat dicere plus illis nobilitatem quam tibi virtutem prodesse oportere. Nam P. Galbam et L. Cassium summo loco natos quis est qui petere consulatum putet? Vides igitur amplissimis ex familiis homines, quod sine nervis sint, tibi paris non esse.

At Antonius et Catilina molesti sunt. Immo homini navo, industrio, innocenti, diserto, gratioso apud eos qui res iudicant, optandi competitores ambo a pueritia sicarii, ambo libidinosi, ambo egentes. Eorum alterius bona proscripta vidimus, vocem denique audivimus iurantis se Romae iudicio aequo cum homine Graeco certare non posse, ex senatu eiectum scimus optimorum censorum existimatione, in praetura competitorem habuimus amico Sabidio et Panthera, cum ad tabulam quos poneret non haberet (quo tamen in magistratu amicam quam domi palam haberet de machinis emit); in petitione autem consulatus caupones omnis compilare per turpissimam legationem maluit quam adesse et populo Romano supplicare.

Alter vero, di boni! quo splendore est? Primum nobilitate eadem qua +Catilina+. Num maiore? Non. Sed virtute. Quam ob rem? Quod Antonius umbram suam metuit, hic ne leges quidem, natus in patris egestate, educatus in sororiis stupris, corroboratus in caede civium, cuius primus ad rem publicam aditus in equitibus R. occidendis fuit (nam illis quos meminimus Gallis, qui tum Titiniorum ac

Nanneiorum ac Tanusiorum capita demetebant, Sulla unum Catilinam praefecerat); in quibus ille hominem optimum, Q. Caecilium, sororis suae virum, equitem Romanum, nullarum partium, cum semper natura tum etiam aetate quietum, suis manibus occidit.

Quid ego nunc dicam petere eum tecum consulatum qui hominem carissimum populo Romano, M. Marium, inspectante populo Romano uitibus per totam urbem ceciderit, ad bustum egerit, ibi omni cruciatu lacerarit, vivo stanti collum gladio sua dextera secuerit, cum sinistra capillum eius a vertice teneret, caput sua manu tulerit, cum inter digitos eius rivi sanguinis fluerent; qui postea cum histrionibus et cum gladiatoribus ita vixit ut alteros libidinis, alteros facinoris adiutores haberet; qui nullum in locum tam sanctum ac tam religiosum accessit in quo non, etiam si in aliis culpa non esset, tamen ex sua nequitia dedecoris suspicionem relinqueret; qui ex curia Curios et Annios, ab atriis Sapalas et Caruilios, ex equestri ordine Pompilios et Vettios sibi amicissimos comparavit; qui tantum habet audaciae, tantum nequitiae, tantum denique in libidine artis et efficacitatis, ut prope in parentum gremiis praetextatos liberos constuprarit? Quid ego nunc tibi de Africa, quid de testium dictis scribam? Nota sunt, et ea tu saepius legito; sed tamen hoc mihi non praetermittendum videtur, quod primum ex eo iudicio tam egens discessit quam quidam iudices eius ante illud iudicium fuerunt, deinde tam inuidiosus ut aliud in eum iudicium cottidie flagitetur. Hic se sic habet ut magis timeant, etiam si quierit, quam ut contemnant, si quid commoverit.

Quanto melior tibi fortuna petitionis data est quam nuper homini novo, C. Coelio! ille cum duobus hominibus ita nobilissimis petebat ut tamen in iis omnia pluris essent quam ipsa nobilitas, summa ingenia, summus pudor, plurima beneficia, summa ratio ac diligentia petendi; ac tamen eorum alterum Coelius, cum multo inferior esset genere, superior nulla re paene, superavit.

Qua re tibi, si facies ea quae natura et studia quibus semper usus es largiuntur, quae temporis tui ratio desiderat, quae potes, quae debes, non erit difficile certamen cum iis competitoribus qui nequaquam sunt tam genere insignes quam vitiis nobiles; quis enim reperiri potest tam improbus civis qui velit uno suffragio duas in rem publicam sicas destringere?

Quoniam quae subsidia novitatis haberes et habere posses eui, nunc de magnitudine petitionis dicendum videtur. Consulatum petis, quo honore nemo est quin te dignum arbitretur, sed multi qui invideant;

petis enim homo ex equestri loco summum locum civitatis, atque ita summum ut forti homini, diserto, innocenti multo idem ille honos plus amplitudinis quam ceteris adferat. Noli putare eos qui sunt eo honore usi non videre, tu cum idem sis adeptus, quid dignitatis habiturus sis. Eos vero qui consularibus familiis nati cum maiorum consecuti non sunt suspicor tibi, nisi si qui admodum te amant, invidere. Etiam novos homines praetorios existimo, nisi qui tuo beneficio vincti sunt, nolle abs te se honore superari.

Iam in populo quam multi invidi sint, quam multi consuetudine horum annorum ab hominibus novis alienati, venire tibi in mentem certo scio; esse etiam non nullos tibi iratos ex iis causis quas egisti necesse est. Iam illud tute circumspicito, quod ad Cn. Pompei gloriam augendam tanto studio te dedisti, num quos tibi putes ob eam causam esse non amicos.

Quam ob rem cum et summum locum civitatis petas et videas esse studia quae tibi adversentur, adhibeas necesse est omnem rationem et curam et laborem et diligentiam.

Et petitio magistratuum divisa est in duarum rationum diligentiam, quarum altera in amicorum studiis, altera in populari voluntate ponenda est. Amicorum studia beneficiis et officiis et vetustate et facilitate ac iucunditate naturae parta esse oportet. Sed hoc nomen amicorum in petitione latius patet quam in cetera vita; quisquis est enim qui ostendat aliquid in te voluntatis, qui colat, qui domum ventitet, is in amicorum numero est habendus. Sed tamen qui sunt amici ex causa iustiore cognationis aut adfinitatis aut sodalitatis aut alicuius necessitudinis, iis carum et iucundum esse maxime prodest.

Deinde ut quisque est intimus ac maxime domesticus, ut is amet et quam amplissimum esse te cupiat valde elaborandum est, tum ut tribules, ut vicini, ut clientes, ut denique liberti, postremo etiam servi tui; nam fere omnis sermo ad forensem famam a domesticis emanat auctoribus.

Deinde sunt instituendi cuiusque generis amici: ad speciem, homines inlustres honore ac nomine (qui, etiam si suffragandi studia non navant, tamen adferunt petitori aliquid dignitatis); ad ius obtinendum, magistratus (ex quibus maxime consules, deinde tribuni pl.); ad conficiendas centurias, homines excellenti gratia. Qui abs te tribum aut centuriam aut aliquod beneficium aut habeant aut ut habeant sperent, eos prorsus magno opere et compara et confirma; nam per hos annos homines ambitiosi vehementer omni studio atque opera elaborarunt ut possent a tribulibus suis ea quae peterent impetrare; hos tu homines, quibuscumque poteris rationibus, ut ex animo atque [ex illa] summa voluntate tui studiosi sint elaborato.

Quod si satis grati homines essent, haec tibi omnia parata esse debebant, sicuti parata esse confido. Nam hoc biennio quattuor sodalitates hominum ad ambitionem gratiosissimorum tibi obligasti, C. Fundani, Q. Galli, C. Corneli, C. Orchivi; horum in causis ad te deferendis quid tibi eorum sodales receperint et confirmarint scio, nam interfui; qua re hoc tibi faciendum est, hoc tempore ut ab his quod debent exigas saepe commonendo, rogando, confirmando, curando ut intellegant nullum se umquam aliud tempus habituros referendae gratiae; profecto homines et spe reliquorum tuorum officiorum et[iam] recentibus beneficiis ad studium navandumn excitabuntur.

Et omnino, quoniam eo genere amicitiarum petitio tua maxime munita est quod ex causarum defensionibus adeptus es, fac ut plane iis omnibus quos devinctos tenes discriptum ac dispositum suum cuique munus sit; et quem ad modum nemini illorum molestus nulla in re umquam fuisti, sic cura ut intellegant omnia te quae ab illis tibi deberi putaris ad hoc tempus reservasse.

Sed quoniam tribus rebus homines maxime ad benevolentiam atque haec suffragandi studia ducuntur, beneficio, spe, adiunctione animi ac voluntate, animadvertendum est quem ad modum cuique horum generi sit inserviendum. Minimis beneficiis homines adducuntur ut satis causae putent esse ad studium suffragationis, nedum ii quibus saluti fuisti, quos tu habes plurimos, non intellegant, si hoc tuo tempore tibi non satis fecerint, se probatos nemini umquam fore; quod cum ita sit, tamen rogandi sunt atque etiam in hanc opinionem adducendi ut, qui adhuc nobis obligati fuerint, iis vicissim nos obligari posse videamur.

Qui autem spe tenentur, quod genus hominum multo etiam est diligentius atque officiosius, iis fac ut propositum ac paratum auxilium tuum esse videatur, denique ut spectatorem te suorum officiorum esse intellegant diligentem, ut videre te plane atque animadvertere quantum a quoque proficiscatur appareat.

Tertium illud genus est studiorum voluntarium, quod agendis gratiis, accommodandis sermonibus ad eas rationes propter quas quisque studiosus tui esse videbitur, significanda erga illos pari voluntate, adducenda amicitia in spem familiaritatis et consuetudinis confirmari oportebit.

Atque in his omnibus generibus iudicato et perpendito quantum quisque possit, ut scias et quem ad modum cuique inservias et quid a quoque exspectes ac postules.

Sunt enim quidam homines in suis vicinitatibus et municipiis gratiosi, sunt diligentes et copiosi qui, etiam si antea non studuerunt huic gratiae, tamen ex tempore elaborare eius causa cui debent aut volunt facile possunt; his hominum generibus sic inserviendum est ut ipsi intellegant te videre quid a quoque exspectes, sentire quid accipias, meminisse quid acceperis. Sunt autem alii qui aut nihil possunt aut etiam odio sunt tribulibus suis nec habent tantum animi ac facultatis ut enitantur ex tempore; hos ut internoscas videto, ne spe in aliquo maiore posita praesidi parum comparetur.

Et quamquam partis ac fundatis amicitiis fretum ac munitum esse oportet, tamen in ipsa petitione amicitiae permultae ac perutiles comparantur; nam in ceteris molestiis habet hoc tamen petitio commodi: potes honeste, quod in cetera vita non queas, quoscumque velis adiungere ad amicitiam, quibuscum si alio tempore agas ut te utantur, absurde facere videare, in petitione autem nisi id agas et cum multis et diligenter, nullus petitor esse videare.

Ego autem tibi hoc confirmo, esse neminem, nisi si aliqua necessitudine competitorum alicui tuorum sit adiunctus, a quo non facile si contenderis impetrare possis ut suo beneficio promereatur se ut ames et sibi ut debeas, modo ut intellegat te magni se aestimare, ex animo agere, bene se ponere, fore ex eo non brevem et suffragatoriam sed firmam et perpetuam amicitiam.

Nemo erit, mihi crede, in quo modo aliquid sit, qui hoc tempus sibi oblatum amicitiae tecum constituendae praetermittat, praesertim cum tibi hoc casus adferat, ut ii tecum petant quorum amicitia aut contemnenda aut fugienda sit, et qui hoc quod ego te hortor non modo adsequi sed ne incipere quidem possint.

Nam qui incipiat Antonius homines adiungere atque invitare ad amicitiam quos per se suo nomine appellare non possit? mihi quidem nihil stultius videtur quam existimare esse eum studiosum tui quem non noris. Eximiam quandam gloriam et dignitatem ac rerum gestarum magnitudinem esse oportet in eo quem homines ignoti nullis suffragantibus honore adficiant; ut quidem homo nequam, iners, sine officio, sine ingenio, cum infamia, nullis amicis, hominem plurimorum studio atque omnium bona existimatione munitum praecurrat, sine magna culpa neglegentiae fieri non potest.

Quam ob rem omnis centurias multis et variis amicitiis cura ut confirmatas habeas. Et primum, id quod ante oculos est, senatores equitesque Romanos, ceterorum ordinum omnium navos homines et gratiosos complectere. Multi homines urbani industrii, multi libertini in foro gratiosi navique versantur; quos per te, quos per communis amicos poteris, summa cura ut cupidi tui sint elaborato, appetito, adlegato, summo beneficio te adfici ostendito.

Deinde habeto rationem urbis totius, conlegiorum omnium, pagorum, vicinitatum; ex his principes ad amicitiam tuam si adiunxeris, per eos reliquam multitudinem facile tenebis. Postea totam Italiam fac ut in animo ac memoria tributim discriptam comprensamque habeas, ne quod municipium, coloniam, praefecturam, locum denique Italiae ne quem esse patiare in quo non habeas firmamenti quod satis esse possit.

Perquiras et investiges homines ex omni regione, eos cognoscas, appetas, confirmes, cures ut in suis vicinitatibus tibi petant et tua causa quasi candidati sint. Volent te amicum, si suam a te amicitiam expeti videbunt; id ut intellegant, oratione ea quae ad eam rationem pertinet habenda consequere. Homines municipales ac rusticani, si nomine nobis noti sunt, in amicitia se esse arbitrantur; si vero etiam praesidi se aliquid sibi constituere putant, non amittunt occasionem promerendi. Hos ceteri et maxime tui competitores ne norunt quidem, tu et nosti et facile cognosces, sine quo amicitia esse non potest.

Neque id tamen satis est, tametsi magnum est, si non sequitur spes utilitatis atque ne nomenclator solum sed amicus etiam bonus esse videare. Ita cum et hos ipsos, propter suam ambitionem qui apud tribulis suos plurimum gratia possunt, studiosos in centuriis habebis et ceteros qui apud aliquam partem tribulium propter municipi aut vicinitatis aut conlegi rationem valent cupidos tui constitueris, in optima spe esse debebis.

Iam equitum centuriae multo facilius mihi diligentia posse teneri videntur: primum oportet cognosci equites (pauci enim sunt), deinde appeti (multo enim facilius illa adulescentulorum ad amicitiam aetas adiungitur). Deinde habes tecum ex iuventute optimum quemque et studiosissimum humanitatis; tum autem, quod equester ordo tuus est, sequentur illi auctoritatem ordinis, si abs te adhibebitur ea diligentia ut non ordinis solum voluntate sed etiam singulorum amicitiis eas centurias confirmatas habeas. Nam studia adulescentulorum in suffragando, in obeundo, in nuntiando, in adsectando mirifice et magna et honesta sunt.

Et, quoniam adsectationis mentio facta est, id quoque curandum est ut cottidiana cuiusque generis et ordinis et aetatis utare; nam ex ea ipsa copia coniectura fieri poterit quantum sis in ipso campo virium ac facultatis habiturus. Huius autem rei tres partes sunt: una salutatorum [cum domum veniunt], altera deductorum, tertia adsectatorum.

In salutatoribus, qui magis vulgares sunt et hac consuetudine quae nunc est ad pluris veniunt, hoc efficiendum est ut hoc ipsum minimum officium eorum tibi gratissimum esse videatur; qui domum tuam venient, iis significato te animadvertere (eorum amicis qui illis renuntient ostendito, saepe ipsis dicito); sic homines saepe, cum obeunt pluris competitores et vident unum esse aliquem qui haec officia maxime animadvertat, ei se dedunt, deserunt ceteros, minutatim ex communibus proprii, ex fucosis firmi suffragatores evadunt. Iam illud teneto diligenter, si eum qui tibi promiserit audieris fucum, ut dicitur, facere aut senseris, ut te id audisse aut scire dissimules, si qui tibi se purgare volet quod suspectum esse arbitretur, adfirmes te de illius voluntate numquam dubitasse nec debere dubitare; is enim qui se non putat satis facere amicus esse nullo modo potest. Scire autem oportet quo quisque animo sit, ut et quantum cuique confidas constituere possis.

Iam deductorum officium quo maius est quam salutatorum, hoc gratius tibi esse significato atque ostendito, et, quod eius fieri poterit, certis temporibus descendito; magnam adfert opinionem, magnam dignitatem cottidiana in deducendo frequentia.

Tertia est ex hoc genere adsidua adsectatorum copia. In ea quos voluntarios habebis, curato ut intellegant te sibi in perpetuum summo beneficio obligari; qui autem tibi debent, ab iis plane hoc munus exigito, qui per aetatem ac negotium poterunt, ipsi tecum ut adsidui sint, qui ipsi sectari non poterunt, suos necessarios in hoc munere constituant. Valde ego te volo et ad rem pertinere arbitror semper cum multitudine esse.

Praeterea magnam adfert laudem et summam dignitatem, si ii tecum erunt qui a te defensi et qui per te servati ac iudiciis liberati sunt; haec tu plane ab his postulato ut, quoniam nulla impensa per te alii rem, alii honestatem, alii salutem ac fortunas omnis obtinuerint, nec aliud ullum tempus futurum sit ubi tibi referre gratiam possint, hoc te officio remunerentur.

Et quoniam in amicorum studiis haec omnis oratio versatur, qui locus in hoc genere cavendus sit praetermittendum non videtur. Fraudis atque insidiarum et perfidiae plena sunt omnia. Non est huius temporis perpetua illa de hoc genere disputatio, quibus rebus benevolus et simulator diiudicari possit; tantum est huius temporis admonere. Summa tua virtus eosdem homines et simulare tibi se esse amicos et invidere coegit. Quam ob rem Epicharmeion illud teneto, nervos atque artus esse sapientiae non temere credere.

Et cum tuorum amicorum studia constitueris, tum etiam obtrectatorum atque adversariorum rationes et genera cognoscito. Haec tria sunt: unum quos laesisti, alterum qui sine causa non amant, tertium qui competitorum valde amici sunt. Quos laesisti, cum contra eos pro amico diceres, iis te plane purgato, necessitudines commemorato, in spem adducito te in eorum rebus, si se in amicitiam contulerint, pari studio atque officio futurum. Qui sine causa non amant, eos aut beneficio aut spe aut significando tuo erga illos studio dato operam ut de illa animi pravitate deducas. Quorum voluntas erit abs te propter competitorum amicitias alienior, iis quoque eadem inservito ratione qua superioribus et, si probare poteris, te in eos ipsos competitores tuos benevolo esse animo ostendito.

Quoniam de amicitiis constituendis satis dictum est, dicendum est de illa altera parte petitionis quae in populari ratione versatur. Ea desiderat nomenclationem, blanditiam, adsiduitatem, benignitatem, rumorem, speciem in re publica.

Primum id quod facis, ut homines noris, significa ut appareat, et auge ut cottidie melius fiat; nihil mihi tam populare neque tam gratum videtur. Deinde id quod natura non habes induc in animum ita simulandum esse ut natura facere videare; nam comitas tibi non deest ea quae bono ac suavi homine digna est, sed opus est magno opere blanditia, quae, etiam si vitiosa est et turpis in cetera vita, tamen in petitione necessaria est; etenim cum deteriorem aliquem adsentando facit, tum improba est, cum amiciorem, non tam vituperanda, petitori vero necessaria est, cuius et frons et vultus et sermo ad eorum quoscumque convenerit sensum et voluntatem commutandus et accommodandus est.

Iam adsiduitatis nullum est praeceptum, verbum ipsum docet quae res sit; prodest quidem vehementer nusquam discedere, sed tamen hic fructus est adsiduitatis, non solum esse Romae atque in foro sed adsidue petere, saepe eosdem appellare, non committere ut quisquam possit dicere, quod eius consequi possis, se abs te non [sit] rogatum et valde ac diligenter rogatum.

Benignitas autem late patet: [et] est in re familiari, quae quamquam ad multitudinem pervenire non potest, tamen ab amicis si laudatur, multitudini grata est; est in conviviis, quae fac ut et abs te et ab amicis tuis concelebrentur et passim et tributim; est etiam in opera, quam pervulga et communica, curaque ut aditus ad te diurni nocturnique pateant, neque solum foribus aedium tuarum sed etiam vultu ac fronte, quae est animi ianua; quae si significat voluntatem abditam esse ac retrusam, parvi refert patere ostium. Homines enim non modo promitti sibi, praesertim quod a candidato petant, sed etiam large atque honorifice promitti volunt.

Qua re hoc quidem facile praeceptum est, ut quod facturus sis id significes te studiose ac libenter esse facturum; illud difficilius et magis ad tempus quam ad naturam accommodatum tuam, quod facere non possis, ut id aut iucunde neges aut etiam non neges; quorum alterum est tamen boni viri, alterum boni petitoris. Nam cum id petitur quod honeste aut sine detrimento nostro promittere non possumus, quo modo si qui roget ut contra amicum aliquem causam recipiamus, belle negandum est, ut ostendas necessitudinem, demonstres quam moleste feras, aliis te id rebus exsarturum esse persuadeas.

Audivi hoc dicere quendam de quibusdam oratoribus, ad quos causam suam detulisset, gratiorem sibi orationem eius fuisse qui negasset quam illius qui recepisset; sic homines fronte et oratione magis quam ipso beneficio rei capiuntur. Verum hoc probabile est, illud alterum subdurum tibi homini Platonico suadere, sed tamen tempori tuo consulam. Quibus enim te propter aliquod officium necessitudinis adfuturum negaris, tamen ii possunt abs te placati aequique discedere; quibus autem idcirco negaris, quod te impeditum esse dixeris aut amicorum hominum negotiis aut gravioribus causis aut ante susceptis, inimici discedunt omnesque hoc animo sunt ut sibi te mentiri malint quam negare.

C. Cotta, in ambitione artifex, dicere solebat se operam suam, quod non contra officium rogaretur, polliceri solere omnibus, impertire iis apud quos optime poni arbitraretur; ideo se nemini negare, quod saepe accideret causa cur is cui pollicitus esset non uteretur, saepe ut ipse magis esset vacuus quam putasset; neque posse eius domum compleri qui tantum modo reciperet quantum videret se obire posse; casu fieri ut agantur ea quae non putaris, illa quae credideris in manibus esse ut aliqua de causa non agantur; deinde esse extremum ut irascatur is cui mendacium dixeris.

Id, si promittas, et incertum est et in diem et in paucioribus; sin autem [id] neges, et certe abalienes et statim et pluris; plures enim multo sunt qui rogant ut uti liceat opera alterius quam qui utuntur. Qua re satius est ex his aliquos aliquando in foro tibi irasci quam omnis continuo domi, praesertim cum multo magis irascantur iis qui negent quam ei quem videant ea ex causa impeditum ut facere quod promisit cupiat si ullo modo possit.

Ac ne videar aberrasse a distributione mea, qui haec in hac populari parte petitionis disputem, hoc sequor, haec omnia non tam ad amicorum studia quam ad popularem famam pertinere: etsi inest aliquid ex illo genere, benigne respondere, studiose inservire negotiis ac periculis amicorum, tamen hoc loco ea dico quibus multitudinem capere possis, ut de nocte domus compleatur, ut multi spe tui praesidi teneantur, ut amiciores abs te discedant quam accesserint, ut quam plurimorum aures optimo sermone compleantur.

Sequitur enim ut de rumore dicendum sit, cui maxime serviendum est. Sed quae dicta sunt omni superiore oratione, eadem ad rumorem concelebrandum valent, dicendi laus, studia publicanorum et equestris ordinis, hominum nobilium voluntas, adulescentulorum frequentia, eorum qui abs te defensi sunt adsiduitas, ex municipiis multitudo eorum quos tua causa venisse appareat, bene te ut homines nosse, comiter appellare, adsidue ac diligenter petere, benignum ac liberalem esse loquantur et existiment, domus ut multa nocte compleatur, omnium generum frequentia adsit, satis fiat oratione omnibus, re operaque multis, perficiatur id quod fieri potest labore et arte ac diligentia, non ut ad populum ab his hominibus fama perveniat sed ut in his studiis populus ipse versetur.

Iam urbanam idam multitudinem et eorum studia qui contiones tenent adeptus es in Pompeio ornando, Manili causa recipienda, Cornelio defendendo;

excitanda nobis sunt quae adhuc habuit nemo quin idem splendidorum hominum voluntates haberet. Efficiendum etiam illud est ut sciant omnes Cn. Pompei summam esse erga te voluntatem et vehementer ad illius rationes te id adsequi quod petis pertinere.

Postremo tota petitio cura ut pompae plena sit, ut inlustris, ut splendida, ut popularis sit, ut habeat summam speciem ac dignitatem, ut etiam, si qua possit ratione, competitoribus tuis exsistat aut sceleris aut libidinis aut largitionis accommodata ad eorum mores infamia.

Atque etiam in hac petitione maxime videndum est ut spes rei publicae bona de te sit et honesta opinio; nec tamen in petendo res publica capessenda est neque in senatu neque in contione. Sed haec tibi sunt retinenda: ut senatus te existimet ex eo quod ita vixeris defensorem auctoritatis suae fore, equites R. et viri boni ac locupletes ex vita acta te studiosum oti ac rerum tranquillarum, multitudo ex eo quod dumtaxat oratione in contionibus ac iudicio popularis fuisti te a suis commodis non alienum futurum.

Haec mihi veniebant in mentem de duabus illis commentationibus matutinis, quod tibi cottidie ad forum descendenti meditandum esse dixeram: "Novus sum, consulatum peto". Tertium restat: "Roma est", civitas ex nationum conventu constituta, in qua multae insidiae, multa fallacia, multa in omni genere vitia versantur, multorum adrogantia, multorum contumacia, multorum malevolentia, multorum superbia, multorum odium ac molestia perferenda est. Video esse magni consili atque artis in tot hominum cuiusque modi vitiis tantisque versantem vitare offensionem, vitare fabulam, vitare insidias, esse unum hominem accommodatum ad tantam morum ac sermonum ac voluntatum varietatem.

Qua re etiam atque etiam perge tenere istam viam quam institisti, excere dicendo; hoc et tenentur Romae homines et adliciuntur et ab impediendo ac laedendo repelluntur. Et quoniam in hoc vel maxime est vitiosa civitas, quod largitione interposita virtutis ac dignitatis oblivisci solet, in hoc fac ut te bene noris, id est ut intellegas eum esse te qui iudici ac periculi metum maximum competitoribus adferre possis. Fac ut se abs te custodiri atque observari sciant; cum diligentiam tuam, cum auctoritatem vimque dicendi, tum profecto equestris ordinis erga te studium pertimescent.

Atque haec ita te nolo illis proponere ut videare accusationem iam meditari, sed ut hoc terrore facilius hoc ipsum quod agis consequare. Et plane sic contende omnibus nervis ac facultatibus ut adipiscamur quod petimus. Video nulla esse comitia tam inquinata largitione quibus non gratis aliquae centuriae renuntient suos magno opere necessarios.

Qua re si advigilamus pro rei dignitate, et si nostros ad summum studium benevolos excitamus, et si hominibus studiosis nostri gratiosisque suum cuique munus discribimus, et si competitoribus iudicium proponimus, sequestribus metum inicimus, divisores ratione aliqua coercemus, perfici potest ut largitio nulla fiat aut nihil valeat.

Haec sunt quae putavi non melius scire me quam te sed facilius his tuis occupationibus conligere unum in locum posse et ad te perscripta mittere. Quae tametsi scripta ita sunt ut non ad omnis qui honores petant sed ad te proprie et ad hanc petitionem tuam valeant, tamen tu, si quid mutandum esse videbitur aut omnino tollendum, aut si quid erit praeteritum, velim hoc mihi dicas; volo enim hoc commentariolum petitionis haberi omni ratione perfectum.

FUENTES

El texto en latín que se transcribe en el Apéndice, es el publicado en M. Tvlli Ciceronis, Epistvlae, Vol. III, Oxford University Press 1901, (https://archive.org/details/epistulaerecogno03ciceuoft) una transcripción crítica realizada por Louis Claude Purser basado en dos manuscritos medievales:

• El Codex Harleianus 2682, manuscrito iluminado sobre pergamino escrito en Colonia, Alemania en la segunda mitad del siglo XI, actualmente en el British Library, Londres;

• El Codex Erfurtensis o Bcrolinensis 252, de mediados del siglo XII, con texto muy similar al anterior, en el Staatsbibliothek Preussischer Kulturbesitz, Berlin.

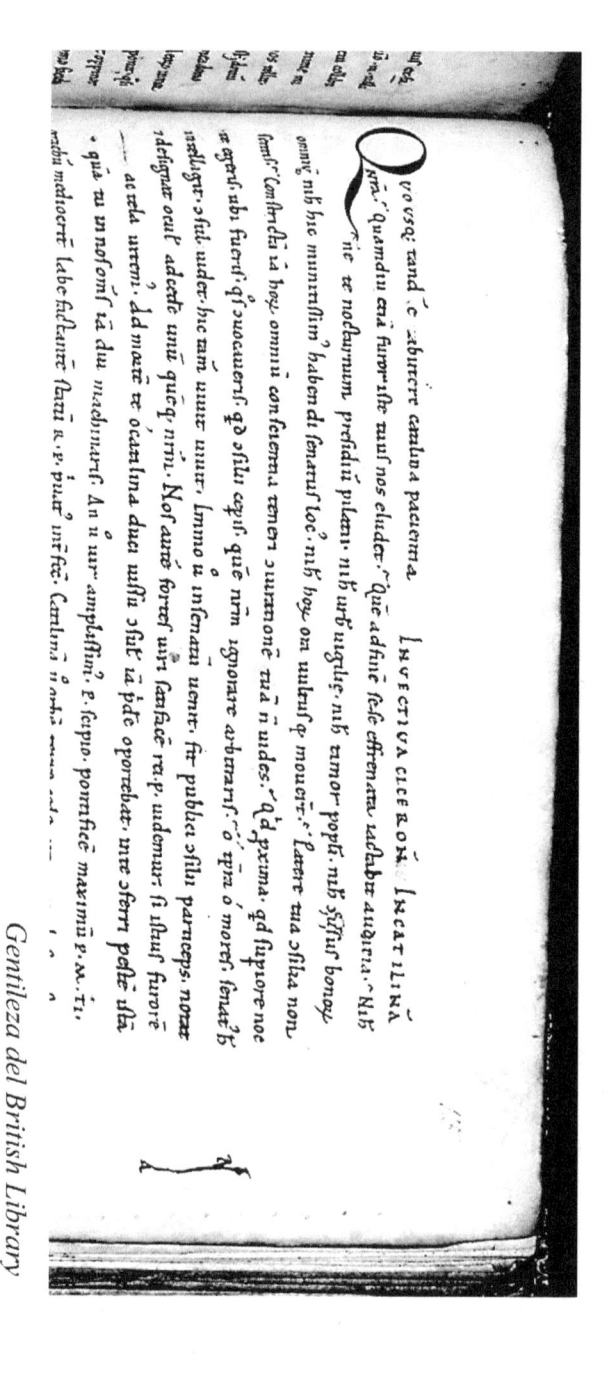

Folio 115 del *Codex Harleianus 2682*, una de las fuentes de escritos de Cicerón. Manuscrito iluminado, caligrafía minúscula carolingia, realizado en Colonia, Alemania ente 1050 y 1100 A.C.

Gentileza del British Library

Traducciones:

- Freeman, Philip, trad. *How to Win an Election.* Princeton: Princeton University Press, 2012;

- Henderson, Mary Isobel, trad. y Shackleton Bailey, D.R., ed., "Handbook of Electioneering", en Shackleton Bailey, D.R, ed. y trad. *Cicero, Letters to Quintus and Brutus.* Cambridge: Harvard University Press, 2002;

- Reyes Coria, Bulmaro, trad. *Comentariolum Petitionis: Estrategias de Campaña Electoral.* Ciudad de México: Universidad Nacional Autónoma de México, 2007;

Otras obras:

- Aldecoa Ruiz, Arturo Ignacio. *El Manual Electoral de Cicerón.* Bilbao: Atxular Atea, 2013

- Beard, Mary. *SPQR: A History of Ancient Rome.* New York: Liveright, 2015

EL EDITOR

Antonio Espinoza es empresario paraguayo, con actividades en las áreas de ganadería, desarrollo inmobiliario y otros.

Aficionado a la lectura en temas de historia, ciencias, economía y gobernanza, es columnista ocasional del diario Ultima Hora por el Club de Ejecutivos.

Cumplió misiones en el exterior como embajador del Paraguay ante los reinos de Gran Bretaña, Suecia y Noruega.

Colabora con organizaciones educativas, de servicio comunitario y gremial, incluyendo la Fundación Paraguaya de Cooperación y Desarrollo, la Asociación Melodía para la Promoción de la Educación y la Cultura, Avina Asunción y el Grupo Impulsor del Indice de Progreso Social. Es miembro de las entidades mixtas estado-sector privado Equipo Nacional Estrategia País y Programa de Becas Carlos Antonio López. Fue presidente del Centro Cultural Paraguayo Americano y fundador y primer presidente de la Asociación de Criadores de Angus del Paraguay.

Graduado en física con especialización en ingeniería nuclear de la Universidad de Manchester, realizó estudios de postgrado en arquitectura en la Universidad de Harvard.

Está casado con Diane Espinoza, con quien tiene dos hijos.

Made in the USA
Columbia, SC
31 August 2018